DE LA PORTÉE DE L'ABROGATION

DE

L'ARTICLE 416 DU CODE PÉNAL

PAR

LA LOI DU 21 MARS 1884

PAR

Ch. CÉSAR-BRU

DOCTEUR EN DROIT

PARIS

E. THORIN & FILS, ÉDITEURS

Libraires du Collège de France, de l'École normale supérieure,
des Écoles françaises d'Athènes et de Rome
de la Société des Études historiques

7, RUE DE MÉDICIS, 7

—

1893

DE LA

PORTÉE DE L'ABROGATION DE L'ARTICLE 416 DU C. P.

PAR LA LOI DU 21 MARS 1884

DU MÊME AUTEUR :

Étude sur la Renonciation, par la femme mariée, à son hypothèque légale au profit de l'acquéreur d'immeubles du mari. Paris, E. Thorin, 1891.

Les Syndicats professionnels et leur personnalité civile (mémoire couronné par la Faculté de droit de Toulouse). Paris, E. Thorin, 1891.

DE LA PORTÉE DE L'ABROGATION

DE

L'ARTICLE 416 DU CODE PÉNAL

PAR

LA LOI DU 21 MARS 1884

PAR

Ch. CÉSAR-BRU

DOCTEUR EN DROIT

PARIS

E. THORIN & FILS, ÉDITEURS

Libraires du Collège de France, de l'École normale supérieure,
des Écoles françaises d'Athènes et de Rome
de la Société des Etudes historiques
7, RUE DE MÉDICIS, 7

1893

Extrait de la *Revue générale du droit.*

TOULOUSE. — IMPRIMERIE A. CHAUVIN ET FILS, RUE DES SALENQUES, 28.

PORTÉE DE L'ABROGATION DE L'ARTICLE 416 DU C. P.

PAR LA LOI DU 21 MARS 1884

La loi du 21 mars 1884 déclare inapplicables aux syndicats professionnels les articles 291, 292, 293, 294, C. P., et la loi du 18 avril 1834, relatifs aux associations de plus de vingt personnes ; elle abroge la loi des 14-17 juin 1791 qui interdisait aux ouvriers de se réunir pour la défense de leurs intérêts. Ces dispositions législatives étaient, de toute évidence, indispensables pour assurer la vitalité de la loi nouvelle.

Une mesure plus discutable, c'est l'abrogation par le même article 1er de notre loi, de l'article 416, C. P., qui était ainsi conçu : « Seront punis... tous ouvriers, patrons et entrepreneurs d'ouvrage, qui, à l'aide d'amendes, défenses, proscriptions, interdictions prononcées par suite d'un plan concerté auront porté atteinte au libre exercice de l'industrie ou du travail. » Sans doute, ces actes, autrefois illicites permis aujourd'hui, n'en sont pas moins regrettables et, dans la pratique, pourront souvent entraîner des conséquences désastreuses. Cependant l'abrogation de cet article du code pénal s'imposait pour donner aux syndicats professionnels les moyens d'intervenir utilement dans la lutte entre le capital et le travail.

Qu'a-t-on voulu en effet en créant les syndicats professionnels ? L'ouvrier isolé était impuissant à faire aboutir de justes revendications. Venait-il à se coaliser, toute mesure autre que la cessation du travail lui était impossible, et encore risquait-il à chaque instant de se heurter aux dispositions des articles 414 à 416, C. P. On a laissé subsister les articles 414 et 415 qui punissent l'atteinte à la liberté du travail par violences, voies de fait, menaces ou manœuvres frauduleuses. Mais si, dans une usine ou un atelier, le patron fait travailler à des conditions trop dures, ou méconnaît les engagements pris, y a-t-il pour les ouvriers d'autre moyen de vaincre sa résistance que la menace d'abord et ensuite la mise à exécution de la grève, l'interdiction de ses chantiers? Si quelques ouvriers dissidents empêchent le triomphe des revendications, y a-t-il d'autre manière pratique d'avoir raison d'eux que la proscription? Ne pas permettre ces actes, c'était créer des associations toutes théoriques en quelque sorte, qui auraient cherché, discuté, trouvé leurs véritables intérêts, qui n'auraient pas pu en assurer le succès. Si l'on veut des associations ouvrières, il faut les vouloir avec toutes leurs conséquences, et reconnaître que l'article 416, C. P., devait être abrogé, comme il l'a été. Et cela d'une façon absolue, aussi bien en faveur des ouvriers syndiqués que des ouvriers non syndiqués.

Cette remarque, nous sommes amené à la faire par l'étude des récents travaux législatifs relatifs aux syndicats professionnels. Nous faisons allusion à la proposition de loi de M. Bovier-Lapierre que la Chambre des députés a votée le 4 avril dernier. Le Sénat persistera-t-il dans la ferme opposition qu'il a faite à cette loi? Nous l'espérons d'autant mieux qu'elle se présentera à lui cette fois avec une franche simplicité, dirigée seulement contre les patrons. On veut par cette loi réprimer les atteintes que certains patrons se sont permises contre les syndicats professionnels; on ne veut plus qu'un patron, ni un syndicat de patrons, puisse refuser d'embaucher des ouvriers syndiqués ou puisse renvoyer des ouvriers syndiqués parce qu'ils sont syndiqués. Nous ne prétendons pas apprécier ici l'opportunité de ces mesures; mais en définitive que sont-elles, sinon des proscriptions, des interdictions, des défenses de travailler si on est syndiqué? Et si on punit des chefs d'industrie pour ce fait, ne s'aperçoit-on pas que sous une forme détournée on rétablit l'article 416, C. P., à leur encontre? Nous n'insistons pas, car ce n'est pas ici le lieu, sur les autres arguments qu'on pourrait invoquer contre cette déjà célèbre proposition de loi; nous avons voulu seulement montrer le rapport qu'elle a avec l'article 416, C. P., et dire pourquoi, partisan de l'abrogation de cet article, nous ne pouvons admettre son rétablissement indirect contre une catégorie de citoyens.

Ces luttes journalières des syndicats contre les patrons, ou contre d'autres syndicats, ou contre des ouvriers non syndiqués; ces luttes où les armes sont les amendes, les proscriptions, les interdictions ne sont pas toujours sans quelques abus et sans quelques criantes injustices. En présence de ces abus et de ces injustices l'abrogation de l'article 416, C. P., va-t-elle avoir pour effet de faire disparaître toutes les responsabilités? C'est ce que nous voulons rechercher à propos précisément d'une affaire récente sur laquelle la Cour de cassation vient de statuer par un arrêt du 22 juin 1892. Voici les faits :

Le nommé Joost, ouvrier imprimeur sur étoffes, faisait partie du syndicat des ouvriers imprimeurs de Jallieu (Isère). A un moment donné, il prétend ne plus faire partie du syndicat, il donne sa démission. Le syndicat la refuse; Joost cesse le payement de ses cotisations, et le syndicat le déclare exclu. Alors commence l'oppression syndicale. On déclare proscrit le nommé Joost; on menace de grève le patron chez lequel il travaillait s'il ne se décide pas à congédier Joost. Le patron intimidé le renvoie. Joost cherche inutilement du travail chez les autres patrons de la région, toutes les portes lui sont fermées, et fermées par le syndicat qui menace de grève tous les ateliers où Joost sera employé. Le malheureux ouvrier se décide à intenter une action contre le syndicat et à lui demander des dommages-intérêts; il s'est trouvé un tribunal et une cour d'appel pour dire que juridiquement le syndicat avait agi dans la limite de ses droits, et qu'il n'était rien dû à l'ouvrier congédié et privé de ressources.

Recherchons donc les questions de droit que soulève cette affaire.

Les ouvriers ont usé contre leur camarade de l'un des moyens autrefois prévus et punis par l'article 416, C. P.; ils l'ont proscrit.

L'article 416, C. P., étant abrogé « les amendes, défenses, proscriptions, interdictions prononcées par suite d'un plan concerté qui auront porté atteinte au libre exercice de l'industrie ou du travail » sont aujourd'hui licites et ne tombent plus sous le coup de la loi pénale. Les ouvriers peuvent mettre un atelier en interdit pour quelque motif que ce soit ; ils peuvent proscrire des camarades non syndiqués ou membres d'un autre syndicat que ceux-ci travaillent ou non à des conditions différentes de celles que la majorité veut imposer. Tous ces actes, les tribunaux répressifs ne peuvent en connaître. Cependant, en pratique, ces manœuvres pourront causer un préjudice grave, à l'ouvrier que le syndicat aura fait congédier et qui se sera trouvé sans pain. Le Code civil peut-il intervenir et suppléer le Code pénal? Des dommages-intérêts ne sont-ils pas dus en vertu du principe général de l'article 1382, C. C.?

A première vue, une objection se dresse qui semble irréfutable. Puisque, peut-on dire, tous ces actes autrefois punis par l'article 416, C. P., sont aujourd'hui licites, ils constituent autant de droits pour les syndicats professionnels. Or, de l'exercice d'un droit ne peut découler une obligation quelconque, l'exercice légitime de ce droit eût-il porté préjudice à autrui. Ce principe est indéniable, mais nous ne croyons pas que ce soit ici le cas d'en faire application. Il s'agit précisément de rechercher si l'accomplissement par le syndicat des actes, autrefois réprimés par l'article 416, C. P., ou d'actes analogues, constituera toujours l'exercice légitime d'un droit. Si nous trouvons des hypothèses où des actes de cette nature seront évidemment commis sans droits, ils constitueront une faute, un quasi-délit civil, source et cause d'une obligation de dommages-intérêts.

Les syndicats professionnels sont des personnes morales. A ce titre, et nous l'avons démontré ailleurs d'une façon, croyons-nous, complète (1), les syndicats professionnels jouissent de tous les droits que la loi qui les a créés ne leur refuse pas ou qui ne sont pas incompatibles avec leur caractère de personne morale. Voilà le principe. Or la loi de 1884, tout en laissant à ces personnes morales un cercle d'activité assez large, a cependant, dans son art. 6, renfermé cette activité dans des limites précises que les syndicats professionnels ne sauraient franchir. D'autre part, les syndicats professionnels ont le droit de faire tous les actes nécessaires au but pour lequel ils sont institués, mais ils ne peuvent faire que ces actes. Article 3 : « Les syndicats professionnels ont exclusivement pour objet

______

(1) **Voy.** notre brochure : *Les syndicats professionnels et leur personnalité civile.* Paris, Thorin, éditeur. 1891.

l'étude et la défense des intérêts économiques, industriels, commerciaux et agricoles. »

Donc tous actes faits pour l'étude et la défense des intérêts économiques professionnels sont l'exercice d'autant de droits légitimes. Donc tous les actes prévus et punis par l'ancien article 416, C. P., sont des actes licites, non seulement au point de vue pénal, mais même au point de vue civil, s'ils ont pour objet et pour but les intérêts professionnels de l'association. Ils constituent alors l'exercice d'un droit légitime reconnu aux syndicats professionnels par la loi de 1884, ils ne peuvent engager la responsabilité civile de l'association, même si l'exercice de ces droits a porté préjudice à autrui.

Cependant, ce but d'assurer la protection ou la défense de leurs intérêts, ne met pas les syndicats professionnels à l'abri de certains textes du Code pénal encore existants, quoique menacés dans leur existence; je veux parler des articles 414 et 415, C. P., qui protègent le libre exercice de l'industrie ou du travail. Si donc pour assurer le triomphe de leurs revendications, les ouvriers usent de « violences, voies de fait, menaces ou manœuvres frauduleuses pour amener ou maintenir, tenter d'amener ou maintenir une cessation concertée de travail, dans le but de forcer la hausse ou la baisse des salaires ou de porter atteinte au libre exercice de l'industrie ou du travail, » ils seront répréhensibles et punissables aux termes de la loi. Mais lorsque les syndicats professionnels resteront dans les limites de leurs droits, et n'useront que des moyens prévus par l'article 416, C. P., ils ne devront aucune indemnité. Et, d'ailleurs, il est assez difficile dans cette hypothèse de concevoir comment un préjudice pourrait être causé. Si les intérêts professionnels sont en jeu, des ouvriers, syndiqués ou non, ne résisteront pas aux prétentions du syndicat, et puisqu'il s'agit d'améliorer leur situation, il ne peut être question de préjudice. Sans doute, si la grève échoue, ceux qui ont été contraints de cesser le travail auront subi un préjudice par le fait de la majorité, mais la volonté de celle-ci fait loi. A coup sûr, il est quelqu'un dans toutes ces hypothèses qui subira et qui supportera un préjudice considérable, c'est le patron. Mais il l'a en quelque sorte supporté volontairement et accepté en refusant d'accéder aux revendications de ses employés; c'est la conséquence forcée de la loi de 1884.

Mais les syndicats professionnels peuvent avoir la prétention de sortir du cercle d'activité que la loi leur a tracé, et de s'occuper de tout autre chose que de l'étude ou de la défense de leurs intérêts économiques professionnels. Ils peuvent, par exemple, décréter une grève pour exiger la réintégration d'un ouvrier congédié, pour exiger le renvoi d'ouvriers qui appartiennent à un autre syndicat et pour cette seule raison ; ils peuvent, comme dans notre espèce, prononcer des interdictions multipliées contre un ouvrier qui, d'ailleurs, travaillait aux mêmes conditions de temps et de salaire que les ouvriers syndiqués. D'intérêts professionnels en jeu, il n'y en a pas. Cependant, l'article 416, C. P., étant abrogé, les ouvriers ne pourront pas être poursuivis correctionnellement de ce chef. Cet acte qui semble bien n'avoir d'autre but que celui de nuire à autrui ne doit pas cependant rester sans sanction.

Une répression pénale existe, quoique minime. Elle résulte de l'article 9 de la loi du 21 mars 1884 qui punit les infractions aux dispositions des articles 2, 3, 4, 5 et 6 de la loi d'une amende de 16 à 200 francs prononcée contre les directeurs et administrateurs du syndicat professionnel. Les tribunaux peuvent, en outre, à la diligence du procureur de la République, prononcer la dissolution du syndicat.

Cet article de la loi de 1884 provoque cette remarque assez curieuse. Les actes dont nous venons de nous occuper pourront être poursuivis correctionnellement contre les syndicats ; ils seront, au point de vue pénal, absolument licites, s'ils ont été commis par des ouvriers non syndiqués.

Au point de vue civil, des actes de cette nature vont-ils engendrer la responsabilité du syndicat qui les a commis? Incontestablement, oui. Tout d'abord, parce que ces actes ne sont pas exempts de toute pénalité ; ils sont illicites comme constituant une infraction à la loi de 1884. Donc, ceux qui auront à se plaindre des agissements du syndicat pourront se constituer partie civile, et, rapportant la preuve du préjudice causé, obtenir des dommages-intérêts. Ces dommages seraient dûs évidemment même si l'action publique n'était pas exercée. Ils seraient dûs même si cette action publique n'existait pas ou si les actes répréhensibles avaient été commis par des ouvriers non syndiqués.

En effet, les actes punis par la loi pénale ne sont pas les seuls qui puissent donner naissance à une action en dommages-intérêts. La loi civile défend tous les actes qui constituent des fautes, et à sa défense elle oppose une sanction, l'obligation de réparer le préjudice causé. Donc, peu importe qu'un fait soit ou non puni par la loi pénale ; peu importe qu'un acte, autrefois illicite sous l'empire de l'article 416, soit permis aujourd'hui que ce texte est abrogé. Si cet acte, licite au point de vue pénal, a conservé en soi les caractères constitutifs de la faute, du quasi-délit civil, on doit lui appliquer la loi civile et obliger ses auteurs à réparer le préjudice causé. Or, lorsqu'un syndicat prononce des défenses, amendes, proscriptions, interdictions en dehors de tout intérêt professionnel, y a-t-il une faute commise? Oui, à un double point de vue. Il y a faute parce que cet acte a été exercé sans droit par le syndicat professionnel au mépris de l'article 3 de la loi de 1884. Il y a faute, parce que si cet acte n'a pas pour but les intérêts de l'association, il a pour but de nuire à celui ou à ceux contre lesquels il est dirigé ou d'attenter au libre exercice de leur liberté individuelle.

L'abrogation de l'article 416, C. P., ne peut donc pas avoir pour effet d'exonérer les syndicats professionnels de toute responsabilité civile. Le droit commun exige que tout quasi-délit soit réparé ; la loi de 1884 exige que tous actes faits par les syndicats professionnels en dehors de l'article 3 soient considérés comme des actes illicites.

Lorsque les amendes, proscriptions ou interdictions n'auront pas pour objet un intérêt professionnel respectable, elles auront rarement pour but unique la volonté de nuire à autrui ; elles tendront le plus souvent, en fait, à contraindre des ouvriers dissidents soit à entrer dans le syndicat, soit à le réintégrer après l'avoir quitté. Ce but est bien celui que poursuivaient les ouvriers syndiqués de Jallieu dans notre espèce. Ces manœuvres du syndicat dans ce but spécial sont-elles licites?

Les législateurs de 1884 ont clairement manifesté leurs sympathies pour les syndicats professionnels et ne se sont pas cachés du désir de voir tous les ouvriers faire partie de ces associations. Cependant, ils ont voulu sauvegarder la liberté individuelle, et, dans ce but, ils ont inséré dans la loi un article 7 qui permet à tout syndiqué de se retirer à tout instant de l'association, nonobstant toute clause contraire, tout en conservant ses droits dans les caisses de secours ou d'assistance, à la formation desquelles il aurait participé. La loi de 1884 serait incomplète sans cette disposition ; il fallait prévoir, en effet, les excès possibles d'une majorité qui voudrait, de gré ou de force, retenir tous les ouvriers dans son syndicat ; il fallait que toutes clauses des statuts, amendes ou défenses contraires à la liberté individuelle, fussent nulles de plein droit.

Or, voici ce qui s'est passé dans notre espèce. Un ouvrier syndiqué manifeste, à un moment quelconque, son intention de quitter le syndicat. Il démissionne ou il provoque son exclusion, conformément aux statuts, par exemple, en ne payant pas sa cotisation ; ce n'est là qu'une façon différente de manifester sa volonté, et cela n'a aucun intérêt au point de vue juridique. Le syndicat, pour forcer cet ouvrier à se soumettre et à rentrer dans le syndicat, le proscrit de tous les ateliers. Y a-t-il là une violation de l'article 7 de notre loi?

Cela ne nous semble pas douteux. Sans doute, le texte prévoit le cas précis où le syndicat aurait expressément manifesté l'intention d'attenter à la liberté individuelle, par exemple, en exigeant de ses membres une renonciation à la faculté que leur laisse l'article 7. Mais, en pratique, il sera très rare de rencontrer une clause de ce genre que le syndicat sait être nulle. Il cherchera donc à retenir ses membres par des moyens détournés, et la proscription est un de ces moyens. L'esprit, sinon le texte, de l'article 7 commande évidemment ici son application, et puisque le but est une violation directe et certaine de la loi, nous devons déclarer illicites tous les actes faits dans cette intention.

Ce que nous disons des actes faits par un syndicat professionnel pour retenir malgré eux dans son sein les ouvriers démissionnaires, nous l'appliquerions, pour les mêmes motifs, au cas où le syndicat, par les mêmes moyens, par les mêmes proscriptions ou interdictions, voudrait forcer un ouvrier isolé ou une minorité d'ouvriers qui est toujours restée en dehors du syndicat à se faire inscrire comme membres actifs. La violation de la liberté individuelle est tout aussi flagrante et tout aussi contraire à l'esprit de l'article 7. Le droit de s'associer doit être respecté par tous, le droit de ne pas s'associer doit l'être également.

Pour la même raison, nous déclarerions illégales les proscriptions ou les interdictions prononcées par des ouvriers non syndiqués contre des ouvriers syndiqués pour les forcer à dissoudre le syndicat ; la chose est parfaitement possible en fait si les non syndiqués forment la majorité. Sans doute, ici, nous ne pouvons pas argumenter d'une violation d'un article de loi sur les syndicats, puisqu'il ne s'agit pas d'un syndicat, mais nous sommes en présence d'une violation inutile de la liberté individuelle, puisqu'il n'y a pas d'intérêt professionnel en jeu, d'une atteinte certaine au libre exercice du travail.

Bien entendu, qu'il s'agisse de syndiqués ou de non syndiqués, il faut écarter toute sanction pénale si seuls les moyens prévus par l'ancien article 416, C. P., ont été employés. Bien mieux, nous ne trouvons pas dans la loi de 1884, pour l'article 7, la sanction pénale qu'elle a cru devoir apposer à l'article 3 et aux autres articles. L'infraction à l'article 7 est cependant beaucoup plus grave que l'admission parmi les syndiqués d'ouvriers de profession non connexes ou similaires, que le dépôt incomplet ou irrégulier des statuts et du nom des directeurs et administrateurs. Ce n'est pas là la seule incorrection grave de la loi de 1884.

On pourrait cependant se demander si des faits ainsi caractérisés ne tomberaient pas sous le coup de l'article 414, C. P. Un arrêt de la chambre criminelle du 5 avril 1867 (*Bull. crim.*, p. 132) décide que le fait par des ouvriers de se concerter pour exiger de leur patron, sous la menace d'une cessation de travail, le renvoi d'un de leurs camarades d'atelier constitue le délit d'atteinte au libre exercice de l'industrie ou du travail, prévu et puni par l'article 414, C. P. Ce sont bien les faits sur lesquels nous raisonnons. Cependant, si la jurisprudence de la Cour de cassation pouvait être soutenue en 1867, elle ne nous semble plus aujourd'hui applicable.

Nous écartons, bien entendu, du débat, les cas de violences ou voies de fait qui rendent certaine l'application de l'article 414, C. P. Nous restons en présence des menaces ou manœuvres frauduleuses. En 1867, on pouvait bien considérer comme des menaces tombant sous le coup de l'article 414 les menaces de proscription ou interdiction, puisque ces faits eux-mêmes étaient répréhensibles. L'abrogation de l'article 416, C. P., les a rendus licites ; il semble donc illogique de déclarer illicite la menace de proscription ou d'interdiction. Est-il possible, d'autre part, de qualifier ces faits de manœuvres frauduleuses, au sens de l'article 414, C. P., comme, par exemple, le fait d'épier et de suivre l'ouvrier proscrit? Nous ne le croyons pas. Ce raisonnement serait absolument contraire à l'esprit et à l'intention qui ont présidé à l'abrogation de l'article 416, C. P. Il ne serait, du reste, pas très juridique ni peut-être très loyal de déclarer punissable, sous la rubrique « manœuvres frauduleuses, » des faits qui, exactement qualifiés d'après ce qu'ils sont, ne peuvent pas être poursuivis.

Donc, il n'y a aucune sanction pénale à la violation de l'article 7 soit directe, soit à l'aide de proscriptions ou interdictions. Mais, encore ici, il y a lieu à une réparation civile.

L'action du syndicat professionnel se résout, à n'en pas douter, en une violation flagrante de la liberté individuelle, et cette violation est de celles que la loi de 1884 elle-même réprouve. Il y a donc là une faute commise, un acte qui ne correspondant à l'exercice d'aucun droit est contraire à l'esprit de l'institution des associations professionnelles. Il y a un quasi-délit civil ; si un préjudice en est résulté, il doit être réparé.

Tels sont les points de droit que soulevait l'affaire qui nous a suggéré les quelques réflexions que l'ont vient de lire. Le tribunal civil de Bourgoin et la Cour de Grenoble, par un arrêt du 28 octobre 1890 (D., 1891, 2, 241) (1), avaient refusé d'admettre les prétentions de l'ouvrier congédié et avaient repoussé l'offre en preuve des faits articulés par lui contre le syndicat comme n'étant ni pertinents, ni concluants. Le tribunal et la Cour avaient admis l'offre en preuve sur ce point seul : l'ouvrier ex-syndiqué avait-il donné sa démission et avait-il été exclu à tort? Ce fait pouvait éclairer la moralité du débat et montrer les intentions véritables du syndicat ; il était sans grande importance, puisqu'il suffisait de constater la volonté certaine de quitter le syndicat. Les proscriptions, les menaces

____

(1) **Voy.** aussi Lyon, 13 mai 1885, 22 janvier 1892. *Gaz. Pal.*, 1885, 2, supp. 133, et numéro du 9 mars 1892.

de grève contre les patrons qui emploieraient l'ouvrier proscrit, rien de tout cela n'était concluant, car l'article 416, C. P., ayant été abrogé, tous ces actes constituaient l'exercice de droits légitimes, et de cet exercice ne pouvait découler une obligation. D'ailleurs, l'article 7 de la loi n'avait pas été violé, puisque le syndicat n'avait jamais exigé une renonciation formelle à la faculté de se retirer de l'association.

La Cour de cassation a fait justice de cette argumentation spécieuse, et elle a bien montré que toute intervention législative était inutile comme le croyait la Cour de Grenoble. Voici son arrêt que l'on trouvera rapporté, avec le rapport de M. le conseiller Durand et les conclusions remarquables de M. l'avocat général Ronjat, dans la *Gazette des Tribunaux* et *La Loi* du 28 juin 1892 (1).

« Sur le moyen unique du pourvoi :

» Vu les articles 7 de la loi du 21 mars 1884 et 1382 du Code civil ;

» Attendu que l'article 7 sus-visé donne à tout membre d'un syndicat professionnel le droit absolu de se retirer de l'association, quand bon lui semble

» Que si, depuis l'abrogation de l'article 416 du Code pénal, les menaces de grève adressées, sans violences ni manœuvres frauduleuses, par un syndicat à un patron, à la suite d'un concert entre ses membres, sont licites quand elles ont pour objet la défense des intérêts professionnels, elles ne le sont pas, lorsqu'elles ont pour but d'imposer au patron le renvoi d'un ouvrier, parce qu'il s'est retiré de l'association et qu'il refuse d'y rentrer ;

» Que, dans ce cas, il y a une atteinte au droit d'autrui, qui, si ces menaces sont suivies d'effet, rend le syndicat passible de dommages-intérêts envers l'ouvrier congédié ;

» Attendu, en fait, que Joost a maintenu, tant en appel qu'en première instance, qu'il avait donné, en mars 1889, sa démission de membre du syndicat des ouvriers imprimeurs sur étoffes de Jallieu-Bourgoin, et que le syndicat l'avait refusée ;

» Qu'il a également articulé, avec offre de preuve, qu'en exécution d'une délibération prise, en août suivant, par le même syndicat, dans une réunion où son exclusion avait été prononcée à la suite de son refus persistant de continuer de faire partie de l'association, deux des défendeurs s'étaient rendus près de Brunet-Lecomte, dans les ateliers de qui il travaillait, pour exiger son renvoi sous menace d'une grève immédiate, et que celui-ci avait cédé à cette menace ;

» Attendu que si l'arrêt attaqué a admis Joost à prouver les faits énoncés dans la première de ces articulations, il a refusé de l'appointer à faire preuve des autres ;

» Qu'en statuant ainsi, il a dès lors violé les articles de loi ci-dessus visés ;

» Par ces motifs,

» Casse et annule l'arrêt. »

(1) **Voy.** en ce sens Charleville, 31 décembre 1891. *Gaz. Pal.*, 3 février 1892.

Le pourvoi n'avait invoqué que l'article 7 de la loi de 1884; le motif de cassation était suffisant, la Cour n'en a point cherché d'autre. L'arrêt aurait eu cependant une portée doctrinale plus considérable si, comme l'avait fait M. l'avocat général Ronjat dans ses conclusions, il s'était appuyé sur le principe même de la loi du 21 mars 1884 et sur la violation de l'article 3. Et alors on aurait pu déterminer, de façon précise, la portée d'abrogation de l'article 416, C. P.

Cette abrogation n'a eu qu'un but : permettre aux syndicats professionnels de défendre, par une lutte pratique et efficace, leurs intérêts économiques professionnels. Mais les actes que l'abrogation de cet article a rendus licites au point de vue pénal sont faits sans droit par les syndicats professionnels lorsqu'ils n'ont pas pour objet ou pour but cette défense des intérêts ouvriers, lorsque surtout ils ont pour mobile et pour objet la violation directe d'une prescription de la loi de 1884 telle que l'article 7. Ils sont donc le point initial d'une faute qui engage la responsabilité du syndicat et l'oblige à réparer le préjudice causé.

TOULOUSE. — IMP. A. CHAUVIN ET FILS, RUE DES SALENQUES, 28.